# LETTRES

DE

# LOUIS DE BOURBON

PRINCE DE CONDÉ

AU

# MARÉCHAL DE GRAMONT

1641-1678

EXTRAITES DES

ARCHIVES DE LA MAISON DE GRAMONT

# LETTRES



# LOUIS DE BOURBON

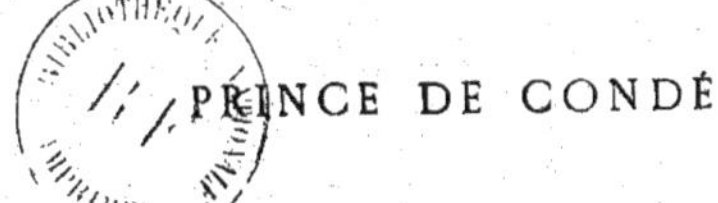

## PRINCE DE CONDÉ

# LETTRES



# LOUIS DE BOURBON

## PRINCE DE CONDÉ

AU

## MARÉCHAL DE GRAMONT

(1641-1678)

EXTRAITES DES

*ARCHIVES DE LA MAISON DE GRAMONT*

Monsieur,

J'ay une extrême joie d'apprendre par vostre lettre l'heureus succes que vous avés eu à Bapaume et l'estat de vostre santé. Je suis ravy de quoy monsieur de Laurette et ces honestes Valons qui estoient avec luy vous ont donné si peu d'exercice. Je vous supplie me conserver l'amitié que vous m'avés promise et croire que je seray toutte ma vie,

Monsieur,

vostre tres affectioné cousin et serviteur,

LOUIS DE BOURBON.

A Forges, ce 24 septembre 1641.

[*Au dos.*] A monsieur, monsieur le comte de Guiche, lieutenant general des armées du Roy.

(*Archives de la maison de Gramont*, t. XV, fol. 59-60.)

N° **2**. — 1643, 19 avril.

A Amiens, ce 19 [d'avril 1643].

Monsieur,

Estent arivé icy j'ay creu vous en devoir donner advis pour vous supplier de me vouloir faire scavoir de vos nouvelles et de celles des ennemis. Nous avons mis touttes nos troupes dans les places frontières pour essaier de les faire subsister et pour estre plustost prestes de marcher aus ennemis, si ils entreprenoint quelque chose. Je suis ravy de servir si pres de vous puisque j'espere que peut estre les ennemis nous obligeront de [nous al]er rendre visite. Je le sou[haite avec] passion, pour vous p[ouvoir repete]r, avec quelle pass[ion je suis]

[Monsieur]

vostre plus affectioné cousin

Louis de [Bourbon].

Si monsieur de Toulongeon se souvenoit de ses am[is il ne pa]sseroit pas si longtemps sens me faire voir...

[*Au dos.*] A monsieur, monsieur le mareschal de Guiche, général des armées du Roy.

(*Archives de la maison de Gramont,* t. XV, fol. 62-63.)

A Amiens, ce 21 [d'avril] 164[3].

Monsieur,

Je vous [suis bien] obligé des soins que vous prenés de m'escrire et de me mender des nouvelles des ennemis. J'ay bien de la peine à croire que leurs armées soint si fortes qu'on vous le mende. La nostre est assés bonne et elle se fortifie touts les jours. Si les ennemis vont à vous, j'espere que. nous y serons bientost et en bon estat. Je vous prie de continuer à me mander ce qui se passera. Je souhaiterois fort de voir ce beau Toulongeon dans l'estat auquel vous me le despeignés, car je m'asseure que ce n'est pas une mauvaise figure si le present que la belle de Surlis luy........ dure encore. Je plains bien fort la main de Mademoy[selle].

Je suis

vostre bien humble et très affectioné cousin et serviteur

Louis de Bourbon.

[*Au dos.*] A monsieur, monsieur le mareschal de Guiche, general de l'armée du Roy, à Aras.

(*Archives de la maison de Gramont*, t. XV, fol. 65-66.)

Monsieur,

J'ay receu les lett[res] que vous m'avés écrite par monsieur le baron de Nouaillie et par le gentilhomme de monsieur de Monteclair les advis que vous me donnés des ennemis. Nous avons jugé appropos d'avertir touts nos quartiers de ce tenir prests pour marcher au premier jour, ce que nous ferons, et j'espere que les ennemis n'entreprendrons rien que nous ne soions à la place qu'ils attaqueront, aussy tost qu'eus, pour les combatre. C'est ce qui m'a-t-obligé de vous envoier ce gentilhomme pour vous en donner advis. C'est ce qui m'enpesche de vous envoier les hommes que vous me demendés presentement, puisque le salut de vostre place ne despend pas des hommes qui sont dedens, y en aiant desja suffisament, mais de nostre armée qui je m'asseure sera en estat d'empescher non seulement les dessains des ennemis mais mesme d'entreprendre sur eus. Pourtent si vous aves quelques aultres sentiments, je vous prie de me les mender et je tascheray de vous donner tout contentement, vous honorant plus que personne.

Je vous envoie un extret d'une lettre que monsieur de La

Vrilière m'escrit qui vous apprendra la meillieure sancté du Roy. Je prie Dieu qu'elle aillie en augmentent et que je treuve les occasions de vous faire paroistre que je suis

Monsieur

vostre bien humble serviteur

Louis de Bourbon.

A Amiens, ce 26 avril 1643.

[*Au dos.*] A monsieur, monsieur le mareschal de Guiche, à Aras.

(*Archives de la maison de Gramont,* t. XV, fol. 68-69.)

Monsieur,

L'amitié que j'ay toutte ma vie eu pour vous et celle que je scay que vous avés pour moy m'oblige à vous despescher Saint-Mar pour vous faire scavoir nettement les raisons qui m'ont obligé de sortir de la court et les résolutions que j'ay prises ensuitte et aussy pour scavoir les vostres, ne doutant point que vous en usiés avec moy avec vostre franchise ordinaire. Je souhaitte plus que touttes les choses du monde que nos interets ne soint point séparés et feray pour cela tout ce que je dois, mais quoyqu'il arive je conserveray tousjours la mémoire des obligations que je vous ay et ne laisseray passer aucune occasion de vous faire cognoitre que je suis avec toutte la tendresse imaginable

Monsieur,

Vostre trés affectioné cousin et serviteur,

Louis de Bourbon.

[*Au dos.*] Monsieur, monsieur le duc de Gramont, mareschal de France.

(*Archives de la maison de Gramont,* t. XV, fol. 70ᵃ⁻ᵇ.)

Quoyque vous me fesies point de responce et que vous me tretiés pis que vous ne faites Fuensaldagne, a qui vous escrivés bien et que j'aprenne que vous ne vous occupés qu'à faire des revues et mesme que vous demendes qu'on vous envoie des regiments, touts les jours je ne laisse pas de ne pouvoir voir le chevalier de Gramont vous aler treuver sens vous tesmoigner que quoy qui arive je seray tousjours ce que je dois estre pour vous et que je ne perdray jamais le souvenir de tout ce que nous avons esté et de tout ce que nous avons faict ensemble.

Je pars lundy pour l'armée, je m'asseure que quoyque vous ne me souhaities pas du bonheur, que vous aures au moins quelque inquietude et que si vous ne desirés pas que nostre party prospere, du moins me voudrés vous autent de bien qu'a M^r le comte d'Harcourt. Je me remets au chevalier, à vous dire tout ce que nous avons dit sur vostre subject et je vous prie cependant de m'aimer tousjours et de croire que je conserveray pour vous touts les sentiments d'estime et de tendresse que je dois.

Je suis,

Monsieur,

Vostre tres affectioné serviteur,

Louis de Bourbon.

A Bordeaus, ce 9 novembre 1651.

[*Au dos.*] A monsieur, monsieur le duc de Gramont, mareschal de France

*(Archives de la maison de Gramont, t. XV, fol. 71-72).*

Monsieur,

M'estant tombé entre les mains des cavaliers d'un party que vous aves envoié, à ce qu'ils m'ont dit, je vous les renvoiee aussi-tost. Si les autres avoint esté pris par mes troupes j'en userois de mesme ne pouvant me resoudre à avoir de vos prisoniers. Je suis si peu accoutumé à vous faire la guerre que je ne me puis resoudre a commancer. Du moins vous puis-je asseurer que si vous me la faites j'en seray au desespoir, car enfin je ne dois ny ne veus estre vostre ennemy et quelque persecution que i ait qui m'oblige à faire ce que je fais je ne puis jamais estre autre que le meilleur amy et le plus veritable serviteur que vous aies au monde. Je vous conjure d'en faire de mesme de vostre costé et de me conserver cette amitié que vous m'aves tant de fois tesmoignée.

On m'a dit que le chevalier est aupres de vous. Si nous aprochons et qu'il veuille me voir, j'en seray ravy. Je n'oserois vous dire la mesme chose, car j'apréanderois que cela ne vous nuisit. Si pourtent vous le pouvies, de mon costé il n'y auroit

rien à craindre et je vous vairois avec la plus grande joiec du
monde, car enfin je vous aime autant que je vous ay jamais
aimé et suis certenement plus que personne,

Monsieur,

Vostre tres affectioné serviteur,

Louis de Bourbon.

Du camp de Radancour, ce 1ᵉʳ juillet 1655.

M. le conte de Fuensaldagne m'a prie de vous asseurer de son
service. Je croy que vous series plus aise de recevoir ce compliment
la d'un autre que de moy, mais puis que j'y suis il vous y fault
resoudre.

[*Au dos.*] A monsieur, monsieur le mareschal de Gramont.

(*Archives de la maison de Gramont*, t. XV, fol. 74-75.)

Monsieur,

Si vous scavies le plaisir que vous me faittes quand vous me faites la faveur de m'escrire je suis asseuré que vous n'en perdries point d'occasion. En vérité, les marques que vous me donnes de vostre amitié me sont infiniment sensible et il n'y a rien au monde que je ne fasse pour en meriter la continuation.

Je croy que monsieur le Cardinal sera arivé sur la frontière aussytost que ma lettre, ainsy que vous seres desja aupres de luy. Je ne vous dis rien sur son subjet, car je scay bien que vous ne perdres pas d'occasion de me servir aupres de luy, et puis mes sentiments estent les mesmes que cœus que je vous ay dit que j'avois je n'ay rien à y adjouter.

Je suis arivé icy ou j'ay trouvé des divisions pitoiables. Je tasche de remettre les espris le mieus qu'il m'est possible, mais je n'ay pas peu de peine. Vous ne doubtés pas que je n'aie bien de la joie de voir la manière dont M[r] le Cardinal se sert de Mr Lesne. Je souhaitterois avec passion qui peut luy estre utile en quelque chose en ce lieu là. Il n'est certenement pas mal

averty et il m'est fort honorable que l'on veille bien se servir de
cœus qui sont a moi, en quelque chose qui regarde le service
du Roy. Je meurs d'impatience de vous embrasser et de vous
asseurer que je suis de tout mon cœur,

Monsieur,

Vostre tres afectioné cousin et serviteur,

LOUIS DE BOURBON.

A Dijon, ce 17 avril 1660.


[*Au dos.*] A monsieur, monsieur le duc de Gramon, paîr et mareschal de
France.


*(Archives de la maison de Gramont, t. XV, fol. 77-78.)*

Monsieur,

Je vous suis bien obligé de la peine que vous aves pris de m'envoier la lettre de M. Lesnet. Je croy que vous l'aures veu à cette heure et que Caillet et luy vous auront entretenu de mes affaires que j'ay en ce pais là. Mʳ le Cardinal m'a tesmoigné de m'y vouloir servir de la meilleure grace du monde. J'ay bien de l'impatience que vous l'aies veu, car je ne doute pas qu'il ne vous parle de moy. On ne s'est pas espargné de me dauber et de bien faire sa cour aupres de luy, à mes despens, mais je croy que cela n'aura faict que blanchir; au moin m'en a il escrit comme cela et il ne doute pas que si par hazar ces Mʳʳ les discoureus avoint faict quelque legere impression dans son esprit à mon prejudice que vous ne destruisiés cela facilement. Je vous en supplie de tout mon cœur. Si vous suivés le Roy, comme je l'espere, je vous veray bientôt. Je pars d'icy le 20 de ce mois et m'en vas à Valery y attendre des nouvelles de Mʳ de Longueville pour nous joindre ensemble, pour aler au devent du Roy, du costé d'Amboise, ainsy que Mʳ le Cardinal me l'a mandé.

Je ne doute point que M^r le Cardinal ne soit satisfaict de ma conduite, mais entre vous et moy il est un peu rude d'estre tous les jours exposé aux bons offices des jens qui enragent de nous voir ensemble luy et moy, comme nous y sommes. Je vous prie de me mander si vous avés paré la botte de la reception de toutte la cour chés vous. Je la trouve un peu forte particulièrement après deus ambassades et la dispence du mariage. Je vous prie de faire mes compliments à M^r le conte de Guiche et d'embrasser le gros homme de ma part.

Je suis de tout mon cœur,

Monsieur,

Vostre tres affectioné cousin et serviteur

Louis de Bourbon.

A Dijon, ce 16 may 1660.

[*Au dos.*] A monsieur, monsieur le duc de Gramon, pair et mareschal de France.

(*Archives de la maison de Gramont,* t. XV, fol. 82-83.)

Les deputés du parlement de Bourgogne qui viennent au-devant du gouverneur, quand il entre au parlement, le vienent recevoir au bout de la grande sale à la porte qui done sur la rue et cela s'est fait non-seulement pour cœus qui ont esté princes du sang, mais pour M$^{rs}$ d'Espernon et Bellegarde.

Faict à Saint-Germin, ce 13 septembre 1670.

LOUIS DE BOURBON.

(Note autographe.)

(Archives de la maison de Gramont, t. XV, fol. 86.)

Du camp de Tolus, dans l'isle de Betau, ce 12 juin 1672.

Le Roy ayant voulu tenter le passage du Rhin, pour entrer dans l'isle de Betau, c'estoit à mon armée à entreprendre ce passage. L'on a mis pour cet effet force pièces de canon sur le bord de la rivière. C'estoit du costé de l'aile droite que l'on devoit passer. L'on y a cherché un guay et l'on n'en a pas trouvé, mais M<sup>r</sup> le comte de Guiche m'est venu dire que du costé de l'aile gauche il en avoit faict recognoistre un, par quelques uns de ses gentilhommes. J'y suis venu et le comte de Guiche y a passé luy mesme le premier, à la teste de la cavalerie et a battu tout ce qui s'est trouvé devant luy avec un courage et une ardeur incroyable, n'ayant devant luy que ses gentilshommes qui y ont aussy faict merveille. L'action a été si belle pour luy que le Roy l'a extremement loué, non seulement sur son courage mais encore sur sa conduite et sur sa capacité. Il n'y a pas esté blessé et il se porte très bien et le comte de

Louvigny aussy. Pour moy j'y ay receu une blesseure au poignet gauche, mais j'espere en estre bientost guery.

Louis de Bourbon[1].

[*Au dos.*] A monsieur, monsieur le duc de Grammont, pair et mareschal de France.

(*Archives de la maison de Gramont*, t. XV, fol. 89-90.)

---

1. Cette signature est autographe; la lettre ne l'est pas.

J'ay receu la lettre de monsieur de Feuquière dont je vous
envoie la copie, comme il m'en a prié. Elle est un peu vieillie
et ce ne sont que les nouvelles de la bataille de Lunden que
nous scavions desja. La tranchée a esté ouverte à Cambray
dimanche au soir. On a faict un fort grand travail, mais comme
on a ouvert de fort loin, on estoit encor fort loin de la contre-
scarpe. On attaque la ville par la porte Nostre Dame. Elle
n'est pas bonne de ce costé là et je ne croy pas qu'elle dure
longtemps. On dit mesme que la cavalerie ne veut pas entrer
dens la citadelle et qu'elle veut faire sa capitulation dans la ville
et que les bourgois sont fort enclins à se randre, ceus du
chapitre aiant desja desputé au Roy, pour le prier de ne point
faire tirer de bombes et de carcasses sur leur esglise. La gar-
nison, à ce qu'on mande est de plus de deus mil hommes de
pied et mille chevaus. Je croy qu'on menera cela fort vite.

Saint-Omer n'est encor qu'investi et on ne croit pas que
Mʳ ouvre la tranchée qu'après que la ville de Cambray sera prise.
Les ennemis s'assemblent a Rosendal et sur le canal d'Anvers à
Gand. Ils le font avec tent de lenteur, si peu de force et ont si
peu de provisions de vivres et de fourages que je croy qu'ils ne
feront rien. L'armée de l'Empereur paroit se reveiller et le bruit

est qu'elle se met en marche du costé de Spire mais comme il n'y a guiere de fourage en ce pais là, je doute qu'elle entreprene si tost rien de considerable. Les troupes d'Osnabruc, Zell et Munster ne marchent pas encor et les Suédois ont pris, à ce qu'on mande, Cristianople et Carleshaven en Chone et ils attaquent Carlestat. Tout paroit dans un très beau jour pour le Roy et il y a lieu d'esperer une tres glorieuse campagne. Je souhaite passionement qu'on fasse ce qu'il fault pour que vous aies bientost l'esprit en repos pour Baione et que nous vous puissions revoir en bonne sancté, à la fin de cet esté. Je vous asseure que je ne souhaite rien tant au monde et que vous estes tousjours present à mon esprit et à mon cœur.

Louis de Bourbon.

A Chantilli, ce dernier mars 1677.

[*Au dos.*] A monsieur, monsieur le duc de Gramon, pair et mareschal de France.

(*Archives de la maison de Gramont*, t. XV, fol. 92-93.)

A Chantilli, ce 13 avril 1677.

J'ay receu vos avis d'Espagne, la copie de la lettre qu'on vous escrit de Madrid et la Gazette burlesque Espagnol de l'entré du Roy d'Espagne à Madrid avec Mʳ Don Jouan. Je vous avoue que je ne suis pas sens inquietude, si le roy d'Espagne et Don Juan vienent en Aragon et qu'ils scachent le mauvais estat ou vous estes, qu'ils ne soint tentés de faire quelque chose en vostre pais, mais il fault esperer que Dieu les aveuglera en ce pais là aussy bien que partout aillieus. Vous aves esté surpris de l'entreprise de Cambray et de Saint-Omer, mais vous le seres d'avantage quand vous scaurés que Mʳ a gagné une bataille complete qu'il a pris le canon, le bagage, tué quatre mil hommes et plus de deus ou trois mil prisoniers, avec l'accompagnement de timbales et de trompetes. Merille en est venu porter les nouvelles à Madame. Il m'a envoié la relation en passent à Senlis que je vous envoie. Je n'en scay pas d'avantage, mais il me semble qu'en voila bien assés. Mʳ d'Aqueville en scaura plus et vous le mandera sens doute. Il m'a rendu conte fort exactement de tout ce dont vous l'avés chargé. Les ennemis sont sur le bord du Rin, mais ils ne l'ont pas encor passé. Après cela raisonés tant que vous voudrés, vous demeureres asseurement court et vous conviendres que ce qui se fait est si beau et si grand qu'il est au-desus bien loin du raisonement. Je suis asseurement plus a vous que tous les hommes du monde.

Louis de Bourbon.

(*Archives de la maison de Gramont*, t. XV, fol. 95-96.)

« Lettre de monseigneur le Prince sur le gain de la bataille de monseigneur le duc d'Orléans contre le prince d'Orange. »

Mʳ d'Haqueville qui vint icy, il y a trois jours avec Mʳ le mareschal de Vileroy me dona vostre lettre qui me parut estre asseurement de vostre stile, mais surtout l'endroit de la grosse caution
me resjouit beaucoup. J'alois vous escrire sur cela quelque chose
qui ne seroit plus de saison aiant apris dens ce moment que
Mʳ le marquis de Louvoy vous a fait responce et vous a envoié
des ordres pour avoir des munitions dont j'ay bien de la joie,
mais ces fregates Holandoises qui sont sur les costes d'Espagne
ne me plaisent pas. On dit mesme qui font un armement pour
envoier à Messine de 18 grands vaisseaus. Ils passeront près de
vous et je voudrois bien quoyque je n'apréande pas un siege que
vos munitions fussent arivées auparavent que vos breches fussent
reparées et que vous eussiés quelques bonnes troupes car de se
fier entierement sur de la milice ce n'est pas un coup bien seur.
Il fault esperer qu'ils songeront à autre chose mais cela ne laisse
pas de me doner de l'inquiétude. Je ne vous ay point escrit sur
la bataille de Mʳ car je savais par Mʳ d'Haqueville qu'il vous
en avoit mandé tout le destail. Enfin voila Valentiene, Cambrai,
Saint-Omer pris et une bataille gaignée au 20 avril. On ne peut
guiere mieus faire et le Roy et Mʳ ont bien sujet d'estre contens de

leur campagne. Je ne croy pas que M$^r$ le prince d'Orange et M$^r$ de Villermosa le soint tant de la leur. Se sont bien les deus plus pauvres generaus du monde. On dit que M$^r$ de Lorene va estre gouverneur des Pais Bas. Je ne scay s'il fera mieus que les autres, mais le pais est bien entamé et son experience est encor mince. Les affaires d'Angleterre vont asses bien. On dit que celle de Suede se raccomodent et qu'il comence a avoir de la division entre les aliés, M. de Zel voulant demeurer neutre. Le destachement d'Allemagne marche à la Mozele, mais le gros de l'armée ne branle pas encor. Tout cela me fait croire qu'ils ne feront pas grande chose et que l'armée du Roy aura loisir de se rafraichir et de s'opposer à eus. Je suis asseurément l'homme du monde qui vous honore et vous aime le plus.

Louis de Bourbon.

A Chantilli, ce 25 avril 1677.

[*Au dos.*] A monsieur, monsieur le duc de Gramon, pair et mareschal de France.

(Archives de la maison de Gramont, t. XV, fol. 98-99.)

A Paris, ce 10 may 1677.

Je suis venu faire icy un tour pour voir monsieur et je m'en retourne demin à Chantilli. Je croy que le Roy reviendra bientost aiant fait un destachement considerable pour aler sur la Meuse, et les Allemens marchans tous pour s'aprocher, à ce qu'on dit, de ce costé là. Mon fils s'en est retourné auprès du Roy. J'ay bien de la joie que vous soies alé prandre un peu le bon hair de Bidache. Je voudrois bien y estre avec vous. Nous aurions bien de la matière de nous entretenir, mais il fault remetre cela à un autre temps. J'ay brulé l'avis que vous m'avés envoié et j'admire tousjours, sens pouvoir le comprendre, le bon estat de vos munitions de Baionne. Il fault esperer que Don Jouan n'i fera pas mieus de vostre costé que Mr de Villairmose fait de desa. Cela ne laisse pas pourtant de me doner bien de l'inquietude, car asseurement, si la fantaisie luy prenoit quend il sera en Aragon de tourner de vostre costé l'armée formidable de Mr de Navaille auroit pene à y estre à temps, à moins que d'avoir le cheval de Pacolet. Mais j'espere qu'ils ne s'en aviseront pas. Songés à vous bien porter, à vous resjouir et a revenir, dès que vous le pourés honestement. C'est la le solide. De mon costé j'en fais de mesme et j'espere que nous aurons encor le plaisir de nous revoir qui est asseurement la chose du monde qui m'est la plus chère.

Louis de Bourbon.

[*Au dos.*] A monsieur, monsieur le duc de Gramon, pair et mareschal de France.

(*Archives de la maison de Gramont*, t. XV, fol. 101-102.)

Je suis persuadé comme vous que nous nous verons à
Bidache devant mourir et j'en ay asseurement autent d'envie que
vous. M^r de Navaille est entré à ce qu'il me mande, dens le Lam-
pourdan, mais en mesme temps il m'escrit qu'il a une fort
mediocre armée. Ce n'est pas la le moien de vous destacher
M^r de Gassion et de La Rabliere trop à point nomé. Toutte mon
esperance est que vous n'en aurés pas besoin et que M^r Don Jean
ne songera pas à vous. Je le souhaite et je l'espere ; tout le
monde croit que le Roy sera dens peu de jours à Saint-Germin,
mais le jour n'est pas encor desclaré. Le prince Charle a repassé
la Moselle et je le croy à ceste heure joint avec toutte son armée.
Je croy qu'il reprendra les petits chateaus que nous avons sur la
Sarre pour se vanger de Cambray, Saint-Omer et Valentiene.
On dit que le prince d'Orange veut attaquer encor Mastric. J'ay
peine à le croire, et s'il le fait je croy qu'il fera une folie. Vostre
douleur d'oreille me fait de la peine, mais comme vous n'y estes
pas sujet, j'espere qu'elle ne durera pas. Je vous suplie pourtent
de [m'en] mender des nouvelles.

J'ay bien de la joie que vous aies trouvé le neveu de feu
Girardon, ingenieur, à vostre gré. Je souhaite qu'il réusisse bien

aus choses ausquelles vous l'emploiés, et je souhaite que vous puissies luy emploier souvent et longtemps. Pour moy je n'en trouve plus qui n'aient servi en Catalogne et les gens de ce pais la ne sont pas si propres que cœus qui on servi en ces pais icy.

Je vous conjure de me conserver vostre amitié, car c'est la chose du monde qui m'est la plus chère.

Louis de Bourbon.

A Chantilli, ce 22 may 1677.

[*Au dos.*] A monsieur, monsieur le duc de Gramon, pair et mareschal de France.

(*Archives de la maison de Gramont*, t. XV, fol. 104-105.)

Si vous avés quelque plaisir à recevoir de mes lettres, je puis vous asseurer, avec vérité, que je n'ay plus de sensible joie que celle que me donent les vostres, en me donant des marques de vostre amitié qui m'est la chose du monde la plus chère. L'entrée du roy d'Espagne à la Pogrette, à Saragouse, la raison qui luy a faict prandre la perruque et l'aplication continuele qu'il a a prandre sa crois de par Dieu m'ont bien resjoui et je n'espère pas qu'il efface quelque jour la réputation de Charle Quint.

Je suis bien aise que les levées qui se font en Espagne tournent du costé de la Catalogne, car si elles tournoint du costé de la Navare je ne serois pas sens inquiétude pour vous, en l'estat ou je scay que vous estes et cognoissant la maniere de peindre de ce pais icy ou vous couries risque d'avoir peu et de meschans revancheurs. Je n'ay point ouy parler de ce mouvement des Huguenaus en Vivares et aus Sevenes. Il fault que M<sup>r</sup> de Verneuil que je vois icy très souvent n'en scache rien. Il est vray que je tiens que il despence peu en espions et que les intendens luy randent un mediocre conte de ce qui se passe dens son gouvernement. J'attends icy aujourduy mon fils qui revient de l'armée. M<sup>r</sup> de Louvois passa hier icy aupres, s'en alant à Paris et le Roy couchera demin à Liancourt où j'iray luy randre mes devoirs. Il passera par icy, mais il ne s'y arestera pas. L'armée comendée par M<sup>r</sup> de Luxembourg marche sur la grande chausée pour en retirer des canons qu'on dit qui y sont de trop. M<sup>r</sup> de Chomberg est sur la Meuse entre Charleville et Sedan, avec cinq ou sis mil hommes. M<sup>r</sup> le mareschal de Crequi est posté entre la Nide allemande et la Nide Françoise aupres Boulas. Les Allemans sont sur la Sarre et je croy qu'ils vont attaquer Salbric et quelques autres petits chateaus que nous tenons. Je ne scay pas ensuite ce qu'ils deviendront et si le prince d'Orange qui est tousjours dans le pais de Vas et les Espagnols oseront attaquer Mastric ou Charleroy, comme ils s'en vantent. Ils attendent pour cela les troupes de Munster et d'Osnabruc qui sont vers Bonne et Cologne, avec quelques unes de celles de Brandebourg et de Neubourg qui sont desjà sous Ruremonde. Voilà le peu de nouvelle que je scay. Je ne doute pas que Louvigni et M<sup>r</sup> d'Aqueville ne vous informent de ce qu'ils scavent. Je suis asseurement plus vostre serviteur que personne du monde.

Louis de Bourbon.

A Chantilli, ce 29 may 1677.

[*Au dos.*] A monsieur, monsieur le duc de Gramon, pair et mareschal de France.

(*Archives de la maison de Gramont*, t. XV, fol. 107-108.)

A Paris, ce 11 juin 1677.

J'ay une joie extreme de ce que vous estes tombé sur les voies de cette affaire, dont M. de Louvoy vous avoit donné avis et que vous en aies aresté le principal, car cela vous metra l'esprit en repos et vous en scaurés bientost, selon les apparances la vérité. Cependent il me semble que vous ne pouvies rien faire de plus a propos que de faire venir à Baione les quatre cent hommes que vous y aves fait venir, car il est bon de ne rien negliger la dessus jusque à ce que vous soiés plenement esclaircy de la vérité. Pour ce que vous me mandés de Portugal je doute fort qu'ils osent se desclarer contre l'Espagne dens un temps ou l'Angleterre est dens la situation ou elle est et je suis persuadé que tout ce qu'ils font n'est que pour obliger les Espagnols à les recevoir médiateurs, ce qu'on dit qu'ils leur refusent et je ne doute pas que les Portugais ne soint bien aise, en leur faisant peur, d'entrer comme médiateurs dans le traité de pais, affin de s'y faire ensuite comprandre pour avoir par la une garantie plus forte que celle qu'ils ont par leur t[raité] particulier.

Je m'en [reviens, mar]di à Chantilli, ma petite fille se portent [beaucoup] mieus.

Il n'y a rien de nouveau dans les armées et elles sont encor de part et d'autre sens action. Versaille est à son ordinaire, mais il est arivé un changement asses grand en Angleterre, car le roy d'Angleterre aiant esté pressé par le parlement de se desclarer contre nous et de faire des ligues avec les Provinces Unies un peu violamant a prorogé le parlement. Cela nous donera du respi de ce costé la jusques à cet hiver. Je suis asseurement plus à vous que personne du monde.

Louis de Bourbon.

[*Au dos.*] A monsieur, monsieur le duc de Gramon, pair et mareschal de France.

(Archives de la maison de Gramont, t. XV, fol. 110-111.)

J'ay receu vostre lettre et les nouvelles d'Espagne; il ne me paroit pas que le ministère de Don Juan s'establisse de manière à estre bien longtemps tranquile et je croy que la hauteur dont il se gouverne alienera bientost la pluspart des grans seigneurs de luy. L'armée du mareschal de Crequi est en presence des ennemis. Ils se sont desjà fort canonés de part et d'autres, et le mareschal de Crequi a fait un mouvement en avant qui les serre beaucoup. Je croy qu'ils attendent un convoy et des troupes. Si elles arivent, on vera à quoy M^r le prince Charle se determinera.

Cependent M^r le prince d'Orange mange tranquilement le pais de Vas; je croy qu'il attent que les troupes des alies soint arivées de Ruremonde, auparavent de rien faire et je croy mesme que quend elles seront arivées, il aura de la peine de rien faire de bien considérable.

Voila tout ce que je scay de nouveau qui n'est pas gran chose. Je suis asseurement plus à vous que touts les hommes du monde.

Louis de Bourbon.

A Chantilli, ce 19 juin 1677.

[*Au dos.*] A monsieur, monsieur le duc de Gramon, pair et mareschal de France.

*(Archives de la maison de Gramont.* t. XV, fol. 113-114.)

Encor que ce qui se passe aus Estas de Navarre ne soint pas
les affaires les plus considerables de l'Estat, je vous asseure qu'il
n'y en a aucune qui me le soint tent que les nouvelles de vostre
sancté. Je croy que celles du Rin et de la Moselle se tourneront
dens un procès ordinaire, M^r de Lorene s'estent raproché de
Thionville et M^r de Crequi aiant marché à Richenon, la Moselle
entre deus. Je ne croy pas que le cors qui est en Alsace soit assés
fort pour y faire de grands progrès et les gencraus qui y sont
sont bien capables de se demesler des affaires qu'ils y auront. Je
croy que le fort de la guerre va estre du costé du prince d'Orange,
encor ne croyié pas que ce soit grande chose. Pour les Suédois
je croy qu'ils patiront beaucoup cette année et que les ennemis
vont faire de grans effors pour disposer l'Angleterre à nous des-
clarre cet hiver la guerre. Je ne scay si ils y réussiront, mais je
suis bien persuadé que M^r Courtin nous y seroit meilleur que qui
que ce soit, mais je ne suis pas assés habile pour penetrer les raisons qu'on a eu de l'en retirer. Je croires pourtent qu'il a parlé

un peu trop librement dens ses despesches et qu'on aime mieus
avoir en ce pais la, aussy bien que dens les armées, des gens qui
scavent obeir aveuglement que des gens qui veulent un peu dire
leurs advis. Je suis asseurement l'homme du monde qui vous
honore le plus.

Louis de Bourbon.

A Chantilli, ce 2 juillet 1677.

[*Au dos.*] A monsieur, monsieur le duc de Gramon, pair et mareschal de
France.

(*Archives de la maison de Gramont,* t. XV, fol. 116-117.)

Je viens de recevoir un billet de trois lignes de mon fils escrit
hier, par lequel il me mande que le roy sera mardi à Saint-Germin et me demande des relais de carosse pour luy. Il ne me dit
que cela, mais j'ay receu en mesme temps un billet du pere Berger
par lequel il me mande que tout le monde croit la pais faite. J'ay
creu vous devoir doner cet advis en diligence. Vous aurés encor
de mes nouvelles à Bourdeaus. Je vous conjure de croire que personne au monde ne vous honore et ne vous aime si sincèrement
et si tendrement que moy.

Louis de Bourbon.

A Chantilli, ce 28 may 1678.

[*Au dos.*] A monsieur, monsieur le duc de Gramon, pair et mareschal de
France, à Bourdeaus.

(Archives de la maison de Gramont, t. XV, fol. 119-120.)

J'arivay icy hier au soir et j'en pars presentement pour aler au lever du Roy. Je viens d'aprendre dans ce moment la mort de madame de Monaco. Vous cognoissés assés mes sentimens sur tout ce qui vous regarde et je coguois assés vostre tendresse pour elle pour que vous ne douties pas que je ne sois aussy touché que vous de cette perte je ne vous diray rien pour vous en consoler aient besoin de l'estre moy-mesme. Je vous diray seulement ce que vous n'ignores pas, c'est que je suis plus sensible qu'homme du monde à tout ce qui vous touche. Je ne manqueray pas de vous mander de Saint Germin l'estat de touttes les affaires de la pais, dont je croy qu'il n'y a pas lieu de douter.

LOUIS DE BOURBON.

A Paris, ce 5 juin 1678.

[*Au dos.*] A monsieur, monsieur le duc de Gramon, pair et mareschal de France.

(*Archives de la maison de Gramont*, t. XV, fol. 122-123.)

LOUIS par la grace de Dieu roy de France et de Navarre, a tous
ceux qui ces présentes lettres verront salut.

Ayans estably es années dernières nostre tres cher et bien amé le
sʳ comte de Grammont, conseiller en nos conseilz, cappitaine de cent
hommes d'armes de nos ordonnances, mareschal de nos camps et armées,
gouverneur et nostre lieutenant general en Navarre et Bearn en la
charge de nostre lieutenant general soubs nostre très cher et tres amé
cousin le prince de Condé, commandant nostred. armée en chef et soubs
nos autres lieutenans generaux qui en avoyent le second commandement et led. sʳ comte de Grammont nous y ayant dignement servis,
nous avons estimé qu'en donnant à nostred. cousin le d. mesme commandement qu'il avoit l'année dernière sur nostred. armée de Guyenne et au
sʳ archevesque de Bordeaux, commandeur de nos ordres et conseiller en
nos conseilz, nostre lieutenance generale soubz luy il seroit a propos et
advantageux à nostre service de continuer led. sʳ comte de Grammont
dans led. employ ayans une entiere confiance en sa fidellité et affection a
nostre service et en sa valleur, experience au fait de la guerre bonne
conduitte et dilligence, scavoir faisons que nous pour ces causes et autres
bonnes considerations a ce nous mouvantz nous avons ledit sʳ comte de
Grammont constitué, ordonné et estably et par ces presentes signées de
nostre main constituons, ordonnons et establissons nostre lieutenant
general en nostred. armée de Guyenne, en l'absence de nostred. cousin

le prince de Condé et dudit s$^r$ archevesque de Bordeaux et soubz leur
auctorité en leur presence et lad. charge luy avons donnée et octroyée,
donnons et octroyons avec plein pouvoir de commander à toutes les
troupes tant de cheval que de pied françoises et estrangeres dont nostred.
armée sera composée icelle exploicter tant dedans que dehors nostre
royaume pour repousser, endommager et attaquer nos ennemis avec les
forces de nostred. armée, assieger et battre les villes et places tenues par
nosd. ennemis ou qui refuseront de nous obeir leur donner assaut ou les
prendre à telle composition qu'il verra estre à propos s'opposer par la
force à toutes entreprises préjudiciables à nostre service et contraires à
nos intentions livrer batailles escarmouches, rencontres et tous autres
actes et exploictz de guerre que besoin sera, faire vivre lesd. gens de
guerre en bon ordre, discipline et police, suivant nos reglemens et ordonnances faire punir et chastier severement les transgresseurs d'icelles commander pareillement aux officiers de l'artillerie et des vivres et tous
autres servant en nostred. armée, faire faire les monstres et reveus desd.
gens de guerre par les commissaires et controlleurs ordinaires de nos
guerres ou ceux qui y seront par nous commis, ordonner des payemens
de la solde d'iceux des deniers qui ont esté et seront par nous destinez
pour cet effect, en expédier les ordonnances aux tresoriers de l'ordinaire
et extraordinaire de nos guerres, de l'artillerie et tous autres comptables
lesquelles nous avons dès à present comme pour lors validées et auctorisées, validons et auctorisons par ces presentes et generallement faire
exploicter et executer par led. s$^r$ comte de Gramont en l'absence de
nostred. cousin le prince de Condé et dud. s$^r$ archevesque de Bordeaux
et soubz leur auctorité en leur presence, tout ce qu'il jugera devoir estre
fait pour le bien de nostre service et l'effect de nos intentions jaçoit que
le cas requist mandement plus special qu'il n'est porté par cesd. presentes. Si donnons en mandement à tous mareschaux de camp, colonelz,
mestres de camp, lieutenans de nostre artillerie, generaux des vivres ou
commis à l'exercice de leurs charges, cappitaines, chefz conducteurs de
nosd. gens de guerre tant de cheval que de pied, françois et estrangers,
gouverneurs, leurs lieutenantz, juràtz, consulz, eschevins et habitans de
nos villes et places et autres nos justiciers, officiers et subjectz qu'il
appartiendra que pour l'effect de ces presentes ilz ayent a recongnoiste

ledit s^r comte de Grammont en l'absence de nostred. cousin et dud. s^r archevesque de Bordeaux et soubz eux en leur presence et luy obeir et entendre comme à nostre propre personne, car tel est nostre plaisir.

Donné à Saint-Germain-en-Laye, le quinziesme jour de febvrier, l'an de grace mil six cens trente neuf et de nostre reigne le vingt-neufiesme.

LOUIS.

Par le Roy,

SUBLET.

*(Archives de la maison de Gramont.* Original dont le sceau a disparu.)

LOUIS, par la grâce de Dieu, roy de France et de Navarre, à tous ceux qui ces présentes lettres verront, salut. Les effortz que font les ennemis déclarez de cette couronne pour la continuation de la guerre nous obligeans à nous mettre en estat 'de nous opposer à leurs desseins autant ou plus puissamment que nous ayons encores faict et ayantz receu divers advantages de la disposition que nous avons donnée au commandement et à l'employ de noz armées en l'année dernière nous avons resolu de continuer à nostre tres cher et tres amé cousin le duc d'Anguyen le commandement qu'il avoit en chef sur nostre armée de Luxembourg et d'establir soubz luy une personne qui le puisse soulager dans les soins d'une charge si importante et ayant une parfaicte satisfaction de la conduitte de nostre tres cher et bien amé cousin le comte de Grammont, mareschal de France, gouverneur et nostre lieutenant general en Navarre et Bearn, et maistre de camp du regiment de noz gardes françoises dans le commandement que nous luy avions donné en lad. année dernière soubz la charge de nostred. cousin le duc d'Anguyen et en son absence sur nostred. armée, nous avons estimé ne pouvoir faire un meilleur ny plus digne choix que de luy pour le mesme employ, dans lequel nous ayant donné une infinité de preuves de sa valleur, experience au faict de la guerre vigilance et prudence et de sa fidélité et affection singulières à nostre service qu'il a aussy signallées en plusieurs autres commandementz principaulx et importans que nous luy avons confiez et partout ou il a eu occasion de nous servir nous avons tout subject d'esperer qu'il ne le fera pas moins avantageusement à l'advenir scavoir faisons que nous pour ces causes et autres bonnes considerations à ce nous mouvans, de l'advis de la Reyne regente, nostre très honorée dame et mère, nous avons nostred. cousin le mareschal de Grammont

constitué, ordonné et estably, constituons, ordonnons et establissons par
ces presentes signées de nostre main nostre lieutenant general representant nostre personne en nostred. armée que nous faisons assembler sur
la frontière de Luxembourg, en l'absence de nostred. cousin le duc d'Anguyen et soubz son auctorité en sa presence et lad. charge luy avons
donnée et octroyée, donnons et octroyons avec plain pouvoir de commander à touttes les trouppes tant de cheval que de pied, francoises et
estrangères dont elle sera composée, icelle exploicter dedans et dehors
nostre royaume pour le bien et advantage de noz affaires et service et pour
l'effect de noz intentions faire vivre lesd. gens de guerre en bon ordre et
police en faire faire les monstres et reveues par les commissaires et controleurs ordinaires de noz guerres et en leur absence en commettre d'extraordinaires commander à tous les officiers servans en nostred. armée et
avec les forces d'icelle repousser les ennemis iceux attacquer et assaillir
entrer dans leur pays, assieger et faire battre les villes, places et chasteaux qui refuzeront de nous obeir, donner assaultz, les prendre à telle
composition qu'il advisera, s'opposer aux entreprises qu'il estimera estre
prejudiciables à nostre service ou contraires à noz intentions, livrer
battailles, rencontres, escarmouches et faire tous autres actes et exploictz
de guerre que besoing sera, faire punir et chastier les transgresseurs de
noz ordonnances selon la rigueur d'icelles, ordonner des payemens desd.
gens de guerre et des despenses de nostred. armée suivant noz estatz en
expedier touttes les ordonnances necessaires lesquelles nous avons des a
present comme pour lors validées et auctorisées, validons et auctorisons
par cesd. presentes et generalement faire en l'absence de nostred. cousin
en toutes les choses susd. ce que nous mesmes ferions sy nous estions
presens en personne en nostred. armée ja coit que le cas requist mandement plus special qu'il n'est porté par cesd. presentes, sy donnons en
mandement a nostred. tres cher cousin le duc d'Anguyen de faire recongnoistre nostred. cousin le mareschal de Grammont ainsy qu'il appartient
à lad. charge, mandons et ordonnons à tous mareschaux de camp, mestres
de camp, collonel, officiers de l'artillerye, generaulx des vivres ou
commis à l'exercice de leurs charges, cappitaines, chefz conducteurs de
nosd. gens de guerre tant de cheval que de pied francois et étrangers,
gouverneurs, lieutenans, maires eschevins et habitans de noz villes et

places et autres noz justiciers, officiers et subjectz qu'il appartiendra qu'en tout ce qui deppend de lad. charge et pour les effectz cy dessus mentionnez ils ayent à recongnoistre nostred. cousin le mareschal de Grammont et à luy obeir et entendre en l'absence de nostred. cousin le duc d'Anguyen et soubz son auctorité en sa presence tout ainsi qu'à nostre propre personne sans difficulté, car tel est nostre plaisir.

En tesmoin de quoy nous avons faict mettre nostre seel à cesd. presentes.

Donné à Paris, le vingt sixiesme jour du mois d'avril l'an de grace mil six cens quarante cinq et de nostre regne le deuxiesme.

LOUIS.

Par le Roy, la Royne régente,
sa mère, présente

LE TELLIER

(Archives de la maison de Gramont. Original scellé d'un sceau<br>en cire blanche sur double queue.)

LOUIS par la grace de Dieu, roy de France et de Navarre, à tous ceux qui ces présentes lettres verront salut.

Ayantz consideré qu'il n'y a poinct de meilleur moyen de parvenir à une juste paix et advantageuse à cette couronne que de tourner contre la Flandres ou noz ennemis se preparent à faire le plus d'effort les princi-palles armées que nous ayons sur pied et mesme celle que nous avions destinée aux années dernières vers le Luxembourg et qui a passé en Allemagne soulz le commandement de nostre tres cher et tres amé cousin le duc d'Anguyen nous avons resolu de l'augmenter encores de nouvelles trouppes et de nous en servir specialement contre le Haynault et le Luxembourg la faisant assembler presentement sur nostre frontière de Champagne du costé de Marle et par ce que nostred. cousin nous a tes-moingné desirer d'estre soulagé dans ce grand employ par les soins d'une personne qui y agisse soubz luy et en son absence en qualité de nostre lieutenant general nous avons estimé que nostre tres cher et bien amé cousin le comte de Grammont, mareschal de France, gouverneur et nostre lieutenant general en Navarre et Bearn et maistre de camp du regi-ment de noz gardes françoises ayant tres dignement exercé cette charge aux années dernières et beaucoup contribué aux advantages et progrez de noz armes soubz l'auctorité et les ordres de nostred. cousin le duc d'Anguyen nous ne pouvions confier le mesme employ à une personne qui nous y servist plus dignement que luy qui a signalé sa prudence, valleur, vigilance et grande conduitte et sa fidélité et affection singullieres à nostre service en divers autres commandements et en une infinité d'oc-casions importantes dont il nous demeure et au publicq une singulière estime de sa personne et une parfaicte satisfaction de sa conduite, scavoir faisons que nous pour ces causes et autres à ce nous mouvans, nous

avons nostred. cousin le comte de Grammont, mareschal de France,
constitué, ordonné et estably, constituons, ordonnons et establissons par
ces presentes signées de nostre main, nostre lieutenant general representant nostre personne en nostred. armée, en l'absence de nostred. cousin
le duc d'Anguyen et soubz son auctorité en sa presence et lad. charge luy
avons donnée et octroyée, donnons et octroyons avec plain pouvoir de
commander à toutes les trouppes tant de cheval que de pied françoises
et estrangères, dont elle sera composée, icelle exploicter dedans et dehors
nostre royaume pour le bien et advantage de noz affaires et service et
pour l'effect de noz intentions, faire vivre lesd. gens de guerre en bon
ordre et police en faire faire les monstres et reveues par les commissaires
et controleurs de noz guerres en leur absence en commettre d'extraordinaires, commander à tous noz officiers servans en lad. armée et avec les
forces d'icelle repousser les ennemis iceux attacquer et assaillir entrer
dans leur pays assieger et faire battre les villes, places et chasteaux qui
refuzeront de nous obeir, donner assaultz les prendre à telle composition
qu'il advisera s'opposer aux entreprises qu'il estimera prejudiciables à
nostre service ou contraires à noz intentions, livrer batailles rencontres
et escarmouches et faire tous autres actes et exploictz de guerre que
besoin sera faire punir et chastier les transgresseurs de noz ordonnances
selon la rigueur d'icelles, ordonner des payementz des gens de guerre et
des despenses de nostred. armée suivant noz estatz, en expédier toutes les
ordonnances necessaires lesquelles nous avons dès à present comme pour
lors vallidées et auctorisées vallidons et auctorisons par lesd. presentes et
generallement faire en l'absence de nostred. cousin en toutes les choses
susd. ce que nous mesmes ferions sy nous estions presens en personne
en nostred. armée, jaçoit que le cas requist mandement plus special qu'il
n'est porté par cesd. presentes. Si donnons en mandement à nostre tres
cher cousin le duc d'Anguyen de faire recongnoistre nostred. cousin le
mareschal de Grammont ainsy qu'il appartient à lad. charge, mandons et
ordonnons à tous mareschaux de camp, maistres de camp, colonelz, officiers de l'artillerie, generaux des vivres ou commis à l'exercice de leurs
charges, cappitaines, chefz et conducteurs de nosd. gens de guerre tant
de cheval que de pied françois et estrangers, gouverneurs, lieutenantz,
maires, eschevins et habitans de noz villes et places et autres noz justi-

ciers, officiers et subjectz qu'il appartiendra qu'en tout ce qui deppend de lad. charge et pour les effectz cy dessus mentionnez ilz ayent à recongnoistre nostred. cousin le mareschal de Grammont et à luy obeir et entendre en l'absence de nostred. cousin le duc d'Anguyen et soubz son auctorité en sa presence tout ainsy qu'à nostre propre personne sans difficulté, car tel est nostre plaisir. En tesmoing de quoy nous avons faict mettre nostre seel a cesd. presentes.

Donné à Paris, le quatriesme jour du mois de may, l'an de grace mil six cens quarente six et de nostre regne le troisiesme.

LOUIS.

Par le Roy, la Royne régente
sa mere présente.

    Le Tellier.

(Archives de la maison de Gramont. Original sur parchemin,<br>avec sceau en cire blanche sur double queue.)

LOUIS par la grace de Dieu, roy de France et de Navarre à tous ceux qui ces presentes lettres verront salut.

Le desir et le besoin que nous avons de pourvoir puissamment aux affaires de Catalongne pour la campagne prochaine afin de deslivrer entierement cette province de l'opression de noz ennemis declarez, nous ayant obligez a choisir nostre tres cher et tres amé cousin le prince de Condé, premier prince de nostre sang pair et grand mestre de France, gouverneur et nostre lieutenant general en noz provinces de Bourgongne Bresse et Berry pour luy donner la charge de viceroy et nostre lieutenant general en nostred. province et armées de Catalongne et les commander en chef et ayans resolu d'envoyer avec luy des forces convenables pour l'execution d'un si grand et important dessein nous avons considéré qu'il estoit necessaire pour nostre service et mesmes pour la satisfaction de nostred. cousin d'establir un lieutenant general soubz luy et en son absence qui puisse dans les occupations d'un commandement de cette importance le soulager et s'employer aux choses qui seront à faire pour le bien et advantage de nostre service et scachant que nostre tres cher et bien amé cousin le comte de Gramont, mareschal de France, gouverneur et nostre lieutenant general en Navarre et Bearn et maistre de camp du regiment de noz gardes françoises nous a utilement et advantageusement servi dans les commandementz que nous luy avons confiez et mesmes soubz nostred. cousin en Allemagne et aux Pays Bas et qu'en toutes occasions il a beaucoup contribué aux glorieuses victoires et aux conquestes solides remportées par noz armes partout où il a commandé et a rendu des preuves considerables de sa capacité experience, valleur, conduitte, fidelité et affection à nostre service et a merité par plusieurs services très considerables et signallez d'estre consideré pour les prin-

cipaux emplois dans noz armées et dont le succez nous est le plus à cœur,
scavoir faisons que nous pour ces causes et autres à ce nous mouvans
de l'advis de la Royne regente nostre très honorée dame et mère nous
avons nostred. cousin le comte de Gramont, mareschal de France, constitué, ordonné et estably, constituons, ordonnons et establissons par ces
presentes signées de nostre main, nostre lieutenant général, representant
nostre personne en nostred. armée de Catalongne, en l'absence de nostred.
cousin le prince de Condé et soubz son auctorité en sa presence et lad.
charge luy avons donnée et octroyée, donnons et octroyons avec plain
pouvoir de commander à touttes les trouppes tant de cheval que de pied
françoises et estrangeres dont elle est et sera composée et avec les forces
d'icelles assieger et attacquer les places qui refuzeront de nous obeir, les
prendre par assault composition ou autrement, selon qu'il verra estre
plus a propos, livrer batailles, rencontres et escarmouches, s'opposer aux
entreprises de noz ennemis executer celles qui seront advantageuses a
nostre service et faire tous autres actes et exploictz de guerre que besoin
sera faire vivre lesd. trouppes en bon ordre discipline et police suivant
noz reglementz et ordonnances faire chastier exemplairement les transgresseurs d'icelles, commander à tous les officiers servans en lad. armée
et ayans pouvoir sur noz trouppes, ensemble à ceux de l'artillerye et des
vivres, faire faire les monstres et reveues de nosd. trouppes par les commissaires et controleurs ordinaires de noz guerres et en leur absence en
commettre d'extraordinaires, ordonner des payements desd. trouppes
et des deniers qui ont esté et seront par nous destinez pour cet effect par
noz estatz en expedier les ordonnances aux trésoriers de l'ordinaire et
extraordinaires de noz guerres et autres comptables lesquelles nous avons
dès a present comme pour lors validées et auctorisées par ces presentes
et generallement faire et executer par nostred. cousin le mareschal de
Gramont en l'absence de nostred. cousin le prince de Condé et soubz son
auctorité en sa presence, tout ce que nous mesmes ferions si nous estions
presentz en personne en nostred. armée jaçoit que le cas requist mandement plus special qu'il n'est porté par cesd. presentes, si donnons en
mandement à nostred. tres cher et tres amé cousin le prince de Condé
de faire recongnoistre nostred. cousin le mareschal de Gramont de tous
ceux et ainsy qu'il appartiendra dans lad. charge mandons et ordonnons

aud. s^r de Marsin, lieutenant general en nostred. armée en l'absence et soubz l'auctorité tant de nostred. cousin le prince de Condé que de nostred. cousin le comte de Gramont à tous mareschauz et maistres de camp, colonelz, chefz et officiers de noz trouppes, lieutenantz de notre artillerie, generaulx des vivres ou leurs commis et tous autres ayans charge dans nostred. armée, villes et autres noz officiers et subjectz qu'il appartiendra de recongnoistre notred. cousin le mareschal de Gramont en lad. qualité et luy obeir et entendre en l'absence de nostred. cousin le prince de Condé et soubz luy en sa presence, sans aucune difficulté, car tel est nostre plaisir. En tesmoing de quoy nous avons faict mettre nostre seel à cesd. presentes.

Donné à Paris, le troisième jour de mars l'an de grace mil six cens quarante sept et de nostre regne le quatriesme

LOUIS.

Par le Roy, la Royne regente
sa mère presente.

   Le Tellier.

(*Archives de la maison de Gramont.* Original sur parchemin,<br>avec sceau en cire blanche sur double queue.)

LOUIS par la grâce de Dieu, roy de France et de Navarre à tous ceux qui ces presentes lettres verront salut.

Scachants que les ennemis declarez de cette couronne augmentent autant qu'il leur est possible leurs forces vers la Flandres et qu'ilz y esperent plus de prosperité pour leurs armes que par le passé depuis qu'ilz ont conclu la paix avec les Hollandois, nous avons resolu d'y employer aussy la meilleure partie de noz forces pour avec l'assistance divine non seullement nous conserver les advantages que nous avons pris sur eux mais en acquerir de nouveaux et avons faict estat de composer pour cet effect une puissante armée de laquelle nous avons donné le commandement general et en chef à nostre très cher et tres amé cousin le prince de Condé, premier prince de nostre sang, pair et grand maistre de France, gouverneur et nostre lieutenant general en nos provinces de Bourgongne, Bresse et Berry et estant necessaire pour commander l'un des corps de lad. armée soubz luy et en son absence de choisir une personne qui soit digne d'un employ si important, nous avons jetté les yeux pour cet effect sur nostre tres cher et bien amé cousin le comte de Gramont, mareschal de France, gouverneur et nostre lieutenant general en Navarre et Bearn, maistre de camp du regiment de nos gardes françaises, ayantz esprouvé en plusieurs occasions très importantes ou nostred. cousin a commandé noz armées qu'il a toutte la prudence, valleur, experience en la guerre, vigilance, fidelité et affection à nostre service et les autres grandes et recommandables qualitez qui nous peuvent convier à luy donner de plus en plus des marques de nostre estime et confiance et de la satisfaction que nous avons de sa conduicte, scavoir faisons que nous pour ces causes et autres bonnes considerations à ce nous mouvantz de l'advis de la Royne regente, nostre très honorée dame et mère, nous

avons nostredict cousin le mareschal de Gramont constitué, ordonné et
estably, constituons, ordonnons et establissons par ces presentes signées
de nostre main nostre lieutenant general representant nostre personne en
nostredicte armée de Flandres, en l'absence de nostredict cousin le
prince de Condé et soubz son auctorité en sa présence, et ladicte charge
luy avons donnée et octroyée, donnons et octroyons par ces presentes
avec plein pouvoir de commander à touttes noz troupppes tant de cheval
que de pied, françoises et estrangères dont nostred. armée sera composée,
icelles exploicter ou besoin sera pour le bien et advantage de nostre
service et pour l'effect de noz intentions, faire vivre les gens de guerre de
nostredicte armée en bon ordre et police, en faire faire les monstres et
reveues par les commissaires et controleurs ordinaires de nos guerres à
ce despartis suivant nos estatz et en leur absence y en commettre
d'extraordinaires, commander aux officiers de l'artillerie des vivres et
autres de nostredicte armée et avec les forces d'icelle assieger et faire
battre les villes places et chasteaux qui refuseront de nous obeir, donner
assaultz les prendre à composition ainsy qu'il advisera, s'opposer par la
force aux entreprises qu'il estimera estre au prejudice de nostre service
et contraire à nos intentions, livrer batailles, rencontres, escarmouches
et faire tous autres actes et exploictz de guerre que besoin sera, faire
punir et chastier les transgresseurs de nos ordonnances, selon la rigueur
d'icelles, ordonner des payementz desd. gens de guerre et autres despenses
de nostredicte armée suivant noz estatz et des fonds que nous ordon-
nerons à cet effect en expédier touttes les ordonnances necessaires,
lesquelles nous avons des à present comme pour lors validées et auctorisées, validons et auctorisons par cesd. presentes et generallement faire
et executer par nostred. cousin le mareschal de Gramont, en l'absence
de nostredict cousin le prince de Condé et soubs son auctorité en sa
presence, tout ce que nous mesmes ferions si nous estions presens en
personne en nostredicte armée, jacoit que le cas requist mandement plus
special qu'il n'est porté par cesd. presentes.

Si donnons en mandement a nostredict très cher et très amé cousin
le prince de Condé de faire recongnoistre nostredict cousin le mareschal
de Grammont de tous ceux et ainsy qu'il appartiendra, mandons et
ordonnons à tous mareschaux de camp, colonelz, maistre de camp, lieu-

tenans en notre artillerie generaux des vivres ou leurs commis cappitaines, chefz et conducteurs de noz gens de guerre, tant de cheval que de
pied francois et estrangers, gouverneurs lieutenantz, maires, eschevins et
habitans de noz villes et places et tous autres noz justiciers, officiers et
subjectz qu'il appartiendra qu'en tout ce qui depend de ladicte charge et
pour les effectz cy dessus mentionnez ilz ayent à recongnoistre nostredict
cousin le mareschal de Gramont et à luy obeir et entendre en l'absence
de nostredict cousin le prince de Condé et soubz son auctorité en sa presence tout ainsy qu'à nostre propre personne sans difficulté, car tel est
nostre plaisir, en tesmoing de quoy nous avons faict mettre nostre seel
à cesd. presentes.

Donné à Paris, le dix-huictiesme jour de mars l'an de grace mil
six cens quarante huict et de nostre regne le cinquiesme.

LOUIS.

Par le Roy, la Royne regente
sa mere présente.

LE TELLIER.

(Archives de la maison de Gramont. Original sur parchemin,
avec sceau en cire blanche sur double queue.)

10229. — L.-Imp. réunies, 7, rue Saint-Benoit, Paris.